3001
3001

はじめに

2014年３月のJRダイヤ改正で、奥羽本線を走っていた寝台特急「あけぼの」号が定期運用から姿を消した。この「あけぼの」号が1990年まで走っていた奥羽本線福島～青森間は福島・山形・秋田・青森の４県に跨っていて、この沿線には、かつて味わい深いローカル私鉄が多数存在していた。ポールカーの天国であった羽後交通雄勝線、小型の電気機関車が電車を牽いていた山形交通高畠線、２軸の貨物電車デワが自分の体より大きなキハ改造の客車を牽いていた秋田中央交通軌

道線など、ユニークなローカル私鉄が多数存在していた。

ここでは、訪れるファンも少なかった頃の昭和40年代の国鉄奥羽本線沿いのローカル私鉄を紹介するとしよう。

全長わずか2.6kmで途中駅のない非電化ミニ路線、山形交通尾花沢線の混合列車。尾花沢駅に停車中のDB151＋ワフ１＋ハフ３＋ハフ４。沿線はすいかの産地として知られている。
1968.8.18　P：鈴木　洋

■本巻掲載路線一覧

図作成：編集部

※路線・駅名などは昭和40年代を基準に作成しています。

羽後交通横荘線の湘南型前面を持つ気動車、キハ２。　1968.3.25　舘合　P：鈴木 洋

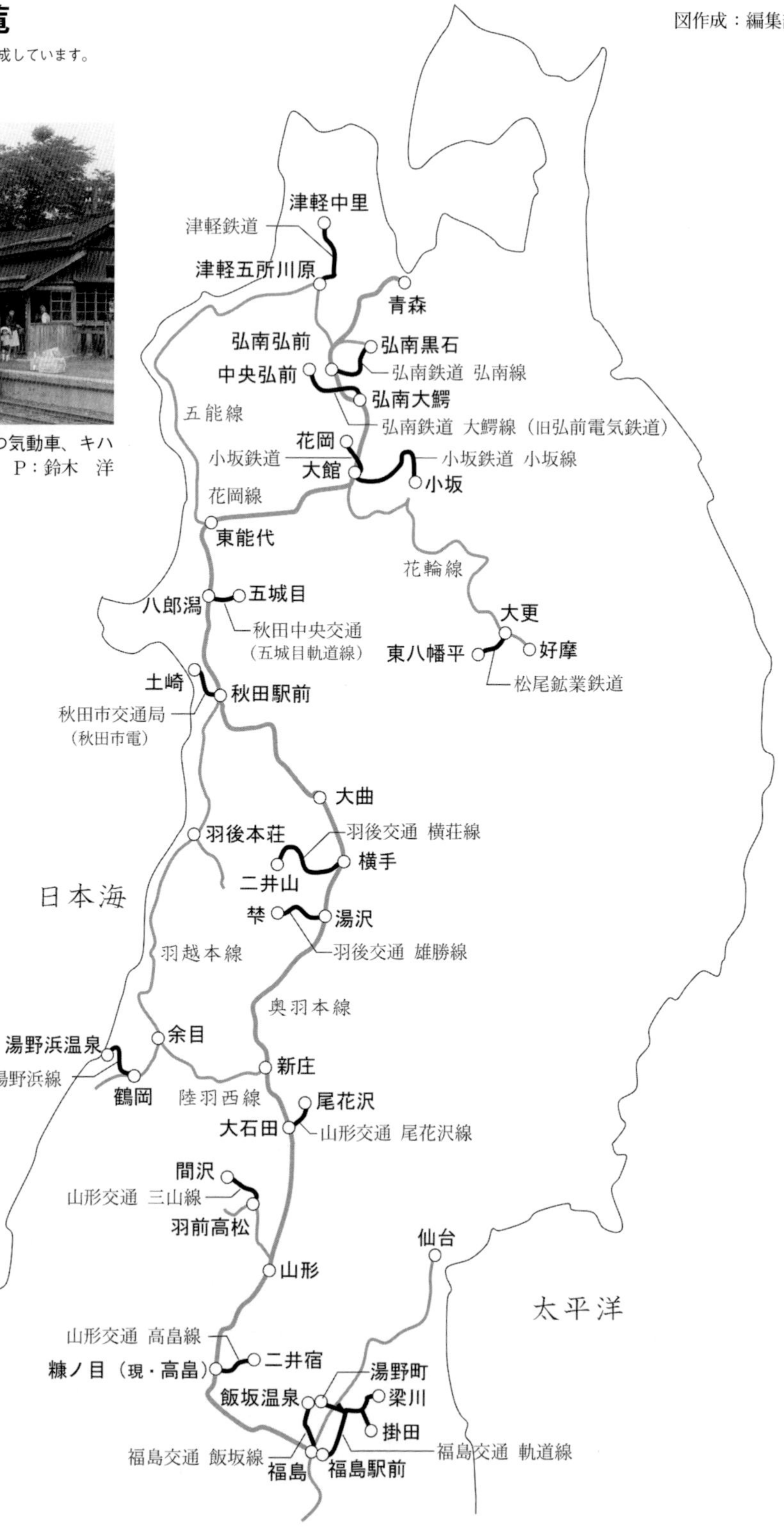

曽根田車庫で停車中の入線間もない福島交通飯坂線モハ5319＋5318。1971(昭和46)年製の近代的な外観の車両で、1991(平成３)年の昇圧による廃車後は２両揃って栗原電鉄に譲渡された。
1971.4.15　P：鈴木　洋

1.1　福島交通 飯坂線

福島～飯坂温泉：9.2km(福島県)

1924(大正13)年４月に福島～飯坂(現在の花水坂)間8.9kmが福島飯坂電気軌道として開業、同年10月には飯坂電車に改称、1927(昭和２)年には現在の飯坂温泉駅まで延伸して9.2kmの現路線が完成された。さらに同年には福島市内に軌道線を展開していた福島電気鉄道と合併、鉄道線は通称「飯坂西線」と呼ばれていた。1962(昭和37)年７月には鉄道線・軌道線とともに福島交通となり、軌道線がなくなった現在は飯坂線のみの単独路線となっている。

福島交通といえば、東急電鉄から譲り受けたステンレスカーが活躍するローカル私鉄として有名であるが、かつて一連の元東急車が入線する前の鉄道線車両は、東北のローカル私鉄では初めての連接車(今はなき日本車輌東京工場製)や両運の新型車を登場させ、他私鉄ではあまり同形車が少なく都会的なスマートな

曽根田車庫に身を休める飯坂線モハ1200形1204。1200形は木造車の鋼体化改造による９両のグループで、前面形態や側面窓などに車両ごとの違いが見られた。1204は1205とともに丸みを帯びた外観が特徴。
1967.10.15　P：鈴木　洋

飯坂線モハ3300形。東急が鉄道省から譲り受けた木造電車を鋼体化改造した車両で、東急での晩年はオール電動車の３両編成を組んで池上線で使用されていた。飯坂線でも３両編成での使用が標準であった。
1975.2.15　泉付近　P：鈴木　洋

車両が走る飯坂線として知られていた。その後ラッシュ対策として東急から木造車を鋼体化した3300形、そして「青ガエル」として親しまれた5000系も入線、そして1991（平成３）年の昇圧に伴いステンレスカーの7000系が入線し、長らく主力として活躍した。2017（平成29）年には今日主力の元1000系が入線を開始し、2019年（平成31）年で7000系の営業運転は終了している。

東北では、弘南鉄道と同じく東急色の強いローカル私鉄の飯坂線も、貨物営業をやっていた時期があった。泉駅東側にある化学工場へ国鉄貨車が週に１～２両入線、電気機関車を持たない福島交通飯坂線ではモハ1200形などの電車が福島駅から泉駅まで国鉄貨車を牽き、泉駅からは推進運転で化学工場へ入って行ったということはあまり知られていない。また、車庫はかつて福島駅の次の曽根田駅にあったが、狭くなって桜水駅へ移転している。たしかに曽根田車庫の時代は狭くて車両撮影が難しかったことが思い出される。

飯坂線モハ1200形1203。1201～1203の３両は横幅の広い窓とウィンドヘッダーのない姿が特徴。晩年のモハ1200形は大型の付随車サハ3000形を中間に挟んだ３両編成で活躍した。
1977.8.21　桜水車庫　P：鈴木　洋

国鉄福島駅前付近の繁華街を行く福島交通軌道線1111。同車は戦前に製造された木造ボギー車を1956(昭和31)年に鋼体化した車両で、車体幅は1,600mm余り、先頭部はさらに絞られている。 1967.10.15　P：鈴木　洋

1.2　福島交通 軌道線

福島～湯野町ほか：27.7km(福島県)

福島駅から駅前の商店街を通り、郊外の湯野町・保原・梁川・掛田方面へ伸びていた総延長53.6kmの軌道線で、1908(明治41)年４月に信達(しんたつ)軌道として開業、同年にすぐ大日本軌道福島支社となった歴史のある路線である。その後福島電気鉄道、福島交通軌道線(通称・飯坂東線)となり廃止時までこの名前で、福島県一のローカル私鉄であった。他私鉄ではあ

福島駅前電停に停車中の軌道線2022・2023。福島交通軌道線では最新となる1960(昭和35)年製の車両であったが、わずか10年余りで廃線を迎え残念ながら他社に譲渡されることなく役目を終えた。
1967.10.15
P：鈴木　洋

軌道線1118の牽引する貨物列車。道路の脇を走る光景も福島交通らしいものがあった。　1967.10.15　車庫付近　P：鈴木　洋

まり類を見ない形態の路面電車が福島盆地をのんびり走っていて、なかでもユーモラスな顔をした木造ニモが沿線から産出される米・果物などを運ぶ姿は、ファンの間でも注目を浴びていた。

軌道線の車庫は、当線の中心である長岡分岐点からすぐ近くの車庫前電停の前にあった。長岡分岐点付近には棒連結器で連結された貨車が留置されていることもあり、びっくりしたものである。開業当初は蒸気機

1971(昭和46)年4月11日限りでの軌道線廃止を惜しみ、国鉄福島駅前に停車中の花電車。1104と1105は廃止時に側面中央を切り取られ、特別装飾電車として最後を飾った。
1971.4.10　福島駅前　P：鈴木　洋

貨車を牽引する路面電車も福島の名物であった。棒連結器を付けたまま長岡分岐点付近に留置されたワ14ほかの貨車。
1967.10.15　P：鈴木　洋

関車が客車を牽いて走っていたが、1926(大正15)年に電化された。戦前には早くも、保原～桑折間6.5kmと掛田線の掛田～川俣間15.6kmが廃止となっている。その後、車庫近くの聖光学院～湯野町(鉄道線の飯坂温泉駅そば)3.7kmも廃止、残った27.7kmは1971(昭和46)年４月11日限りで全線廃止となった。廃止時の陣容は電車23両・貨車７両で、当線名物の木造ニモはそれより以前の1966(昭和41)年に廃車になっていた。廃止後も他鉄道への車両の譲渡はなく、沿線の公園などに何両か保存されたが、現在は不明である。独特のスタイルであっただけに、他鉄道で活躍する姿も見てみたかったものである。

「福島交通 路面電車廃止記念乗車券」の券面。側面二段窓の1120号と信達軌道から引継ぎの蒸気機関車で、蒸機は1926(大正15)年の改軌・電化まで活躍した。　所蔵：鈴木　洋

長岡車庫に置かれたニモ１の廃車体。1930(昭和５)年梅鉢鉄工製で車体幅は約1,600mm、貨車の牽引に用いられたが1966(昭和41)年に廃車となった。
1967.10.15　P：鈴木　洋

石造りの駅舎が出迎える山形交通高畠線の高畠駅。現在のJR高畠駅は当時の高畠線の起点であった糠ノ目駅からの改称であり、まったく異なる場所に位置していた。
1973.8.24　P：鈴木写真変電所

2.1　山形交通 高畠線

糠ノ目（現・高畠）～二井宿：10.6km（山形県）

奥羽本線が山形県に入り、米沢駅より２ツ目の駅が糠ノ目駅であった（山形新幹線開業を前に1991年高畠駅に改称）。その糠ノ目から東側の奥羽山脈の麓の二井宿駅まで、10.6kmを走っていた私鉄ローカル線が山形交通高畠線である。

その前身は1922（大正11）年３月に糠ノ目～高畠間5.2kmを開業した高畠鉄道で、1924（大正13）年には高畠～二井宿間が延長開業、全長10.6kmの路線となった。高畠駅から先には0.34kmの片倉製糸紡績への専用線が屋代川を渡り伸びていて、後に片倉製糸が撤退しジークライト化学礦業の専用線となった後も、ELが国鉄貨車を牽いて、路面電車よろしくトラックなどと一緒に化学工場に出入りする光景が見られた。

高畠線は昭和に入ってから電化され、1943（昭和18）年10月には尾花沢鉄道・三山電気鉄道と合併し、

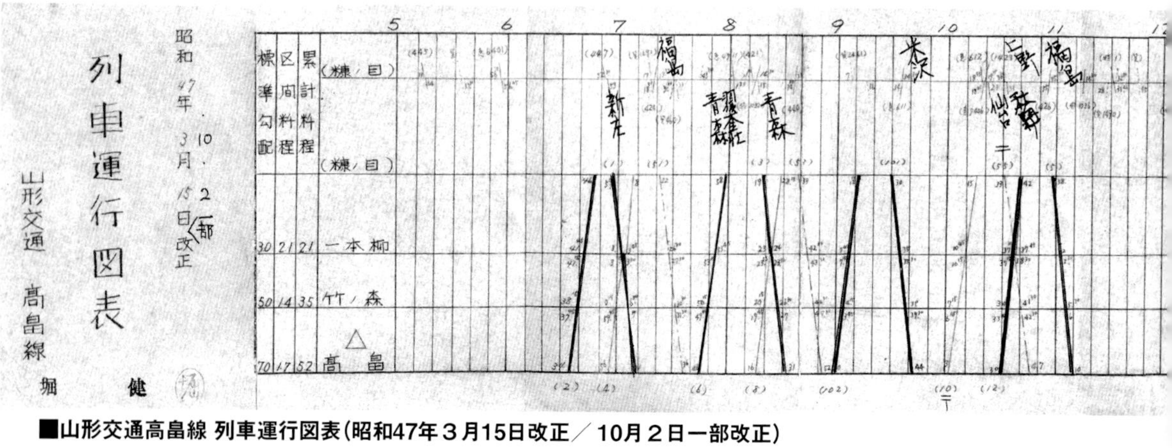

■山形交通高畠線 列車運行図表（昭和47年３月15日改正／10月２日一部改正）

高畠線最後の冬、高畠駅で豪雪に囲まれたモハ４。この日の高畠線は運休とされた。　1974.2.14　P：鈴木写真変電所

山形交通高畠線となった。

その後、豪雨による屋代川橋梁の損壊により高畠～二井宿間5.4kmが1966（昭和41）年８月に休止、鉄橋の改修ができないまま1968（昭和43）年10月に廃止となり、残った糠ノ目～高畠間5.2kmも1974（昭和49）年11月に廃止された。

高畠線といえば小型ELが電車を牽く運転形態が有名で、沿線から米や特産品の果物の出荷が多く、貨物列車や混合列車も運転されていた。主力の電車は西武から来たモハ４（旧モハ156→クハ1156）で、17ｍ級の中型車であることからラッシュ時には重宝された。他の車両は12～13m級の小型車が多く、沿線からの荷物も車内に積載していた。客車も木造二軸の小型車や尾花沢線から転属した中型車があり、晩年はあまり運用に着くことなく高畠駅側線で休んでいた。小型客車はその後、西武鉄道へ譲渡されていった。

高畠線の車両の一部は四国の高松琴平電気鉄道へ譲渡、ほかの車両は今でも旧高畠駅跡の公園でEL（ED1形）や貨車、電車（モハ１）が石造りの駅舎とともに保存されているのはうれしい。

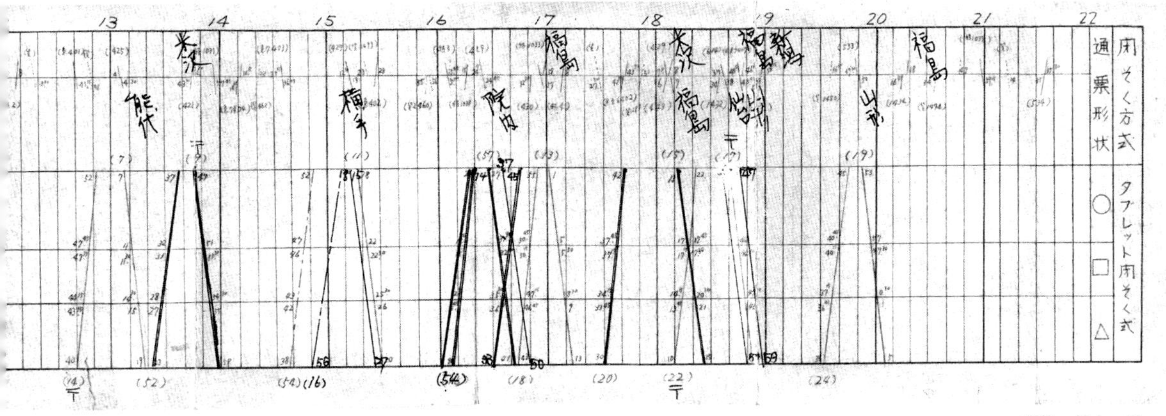

所蔵：鈴木　洋

西武鉄道より川崎造船所製のモハ156→クハ1156を譲り受けた高畠線モハ4。17m級の車体は高畠線では最大で、ラッシュ時の輸送力増強に貢献した。

1968.7.23　糠ノ目　P：鈴木　洋

高畠駅から先に屋代川を越えて伸びていたジークライト化学礦業専用線（旧片倉製糸紡績専用線）の併用軌道を行く高畠線のED2。

1968.7.23　P：鈴木　洋

霧に包まれた高畠線高畠駅。高畠駅跡には廃止後の現在でも石造りの駅舎が存置されていているほか、ED1＋ワム201＋モハ１の３両が静態保存されている。
1973.8.24　P：鈴木写真変電所

高畠駅に停車中の高畠線モハ3 。西武多摩湖線で活躍していた車両を西武所沢車両工場で更新のうえ1958(昭和33)年に譲り受けた12m車。
1962.11.9　P：柴田重利

11月ながら雪に包まれた三山線の最終営業日、「さよなら三山線」のヘッドマークを掲出した三山線モハ111。左は木造単車モハ101、その奥は尾花沢線から転属してきたハフ4。
1974.11.16　間沢　P：鈴木　洋

2.2　山形交通 三山《さんざん》線

羽前高松～間沢《まざわ》：11.4km（山形県）

県都山形駅の次の北山形駅から国鉄左沢線に乗り換えちょっと西へ、羽前高松駅から月山の麓の間沢駅までの11.4kmを走っていた路線で、1926（大正15）年12月23日に三山電気鉄道として羽前高松～海味（かいしゅう）間8.8kmで営業開始、1928（昭和３）年９月17日、間沢まで延長された。1943（昭和18）年３月に山形交通三山線とされたが、三山線沿線から山形市への直通バスにお客を奪われて、山交の高畠線と同じ1974（昭和49）年11月に廃止された。廃止前に終点の間沢車庫で、国鉄で廃車となったマニ・マユ形車両などを解体する光景が見られたが、山交では業者に解体場所を貸しただけであった。

三山線沿線は米・木材などの産出が多かったもののなぜかELは配置されておらず、主に西武鉄道から譲渡された中型電車が国鉄貨車を牽く混合列車が１日あ

三山線間沢駅で憩う木造単車モハ100形（左）と、名鉄から譲り受けた木造車を日本車輌東京工場で鋼体化したモハ106。後者は後に蒲原鉄道に譲渡された。
1968.3.25　P：鈴木　洋

三山電気鉄道として開業以来の古豪、木造単車モハ101。1926(大正15)年製の木造単車で、屋根のダブル→シングルルーフ化やポールのパンタ化など改造を施されつつ廃止時まで活躍した。
1967.3.26　間沢　P：鈴木　洋

たり２〜３本運転されていた。

当線の主力は1959(昭和34)年に西武鉄道から譲渡されたモハ111・112の西武所沢車両工場で、旧西武のモハ220形などを改造した湘南スタイルの更新車で、当時、西武鉄道が地方私鉄向けにパンフレットチラシを作ってPRしていた車両である。この２両は路線廃止後、四国の高松琴平電気鉄道へ譲渡され、780形(後に電装解除され860形)になっている。

ほか三山線の名物として、モハ101・103という９m余りの小型電車が工事用や入換用として廃止時まで残存していて、いつも間沢車庫で見ることができた。また、もうひとつの名物として104という、1927(昭和２)年製雨宮製作所製の木造ダブルルーフの２扉客車がいて、東京の京王電鉄の前身・京王電軌の150形(後のデハ2150形)そっくりの同型車であったが、動くことはほとんどないまま廃止時に解体された。

他にモハ105〜107という13〜15m級の中型車がときどき使われていた。

三山電気鉄道が1927(昭和２)年に導入した、木造ダブルルーフの付随車104。同時期の電動車が8m級の単車であったのに対し、12m級のボギー車として新製された。
1967.3.26　間沢　P：鈴木　洋

大石田駅に停車中の尾花沢線DB152。この小型DLが距離の短い尾花沢線では大活躍であった。　1968.8.18　P：鈴木　洋

2.3　山形交通 尾花沢線

大石田～尾花沢：2.6km（山形県）

山形県北の中心地、新庄から20kmあまり南に大石田駅があり、その大石田駅を起点として東に、今はすいかの名産地として有名な尾花沢駅までの2.6kmを結ぶ、日本でも最短クラスの私鉄ローカル線が山形交通尾花沢線であった。1926（大正15）年８月16日に尾花沢鉄道として開業、1943（昭和18）年10月には三山電気鉄道・高畠鉄道と合併し山形交通尾花沢線とされた。

高畠・三山両線は電化路線であったが当線だけ非電化で、2.6kmの区間には途中駅も設置されていなかった。そんなミニ路線を全長６m足らずの小型のDLが、西武鉄道などから譲り受けた電車改造の客車や、キハ改造の客車を牽いて実にのんびり走っていた。その小型DL（DB151・152の２両）は、線路状態は悪くないのに実によく揺れるため、後ろのDLより長い客車から見ていても実にユーモラスな光景であった。

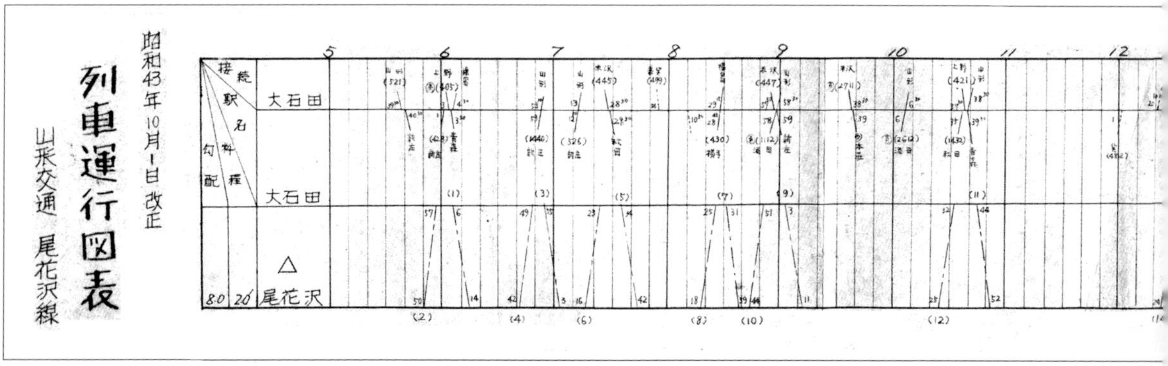

■山形交通尾花沢線 列車運行図表（昭和43年10月１日改正）

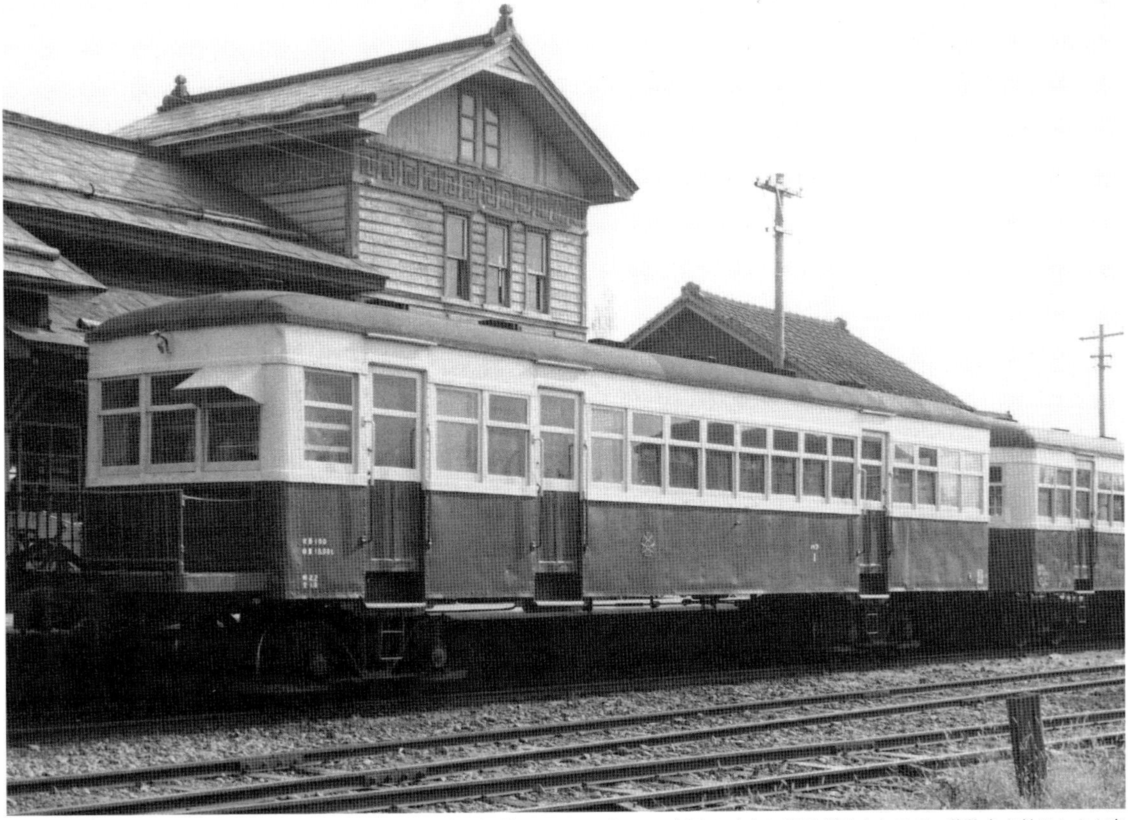

尾花沢駅に停車中の鋼製ボギー客車ハフ１（二代目）。有田鉄道キハニ201を1952（昭和27）年に譲り受けたもので、荷物台を付けたまま客車として用いられた。
1962.11.8　P：柴田重利

昭和40年代には冬期の超豪雪による長期間の運休もときどきあり、他の山形交通の２線（高畠線・三山線）より一足先の1970（昭和45）年９月に廃止となってしまった。廃止後、小型DLのDB151が同じ山形県内の日通山形支店に譲渡され、奥羽本線漆山駅構内の専用線の入換車として使われていたが、小型で出力も弱いため西武所沢工場から来た25tDLと交換され、なんと今度は西武所沢車両工場内の車両入換車として使われていたことがあった。ローカル色豊かな尾花沢から都会の所沢に来て、さぞかしびっくりしたことであろう。DB151はしばらく使われた後、解体されるとの話を聞いたが、その後の去就については不明である。

他に、尾花沢線最新の客車ハフ４は前歴が近江鉄道のハユ24という郵便車であったが、車体を延長して尾花沢線入りした。尾花沢線廃止後は三山線へ転用されたが、ほとんど使われず間沢駅で昼寝していた。

廃止後、尾花沢駅の跡を探したら、山交バスの待機所兼冬期の雪の捨て場となっていた。

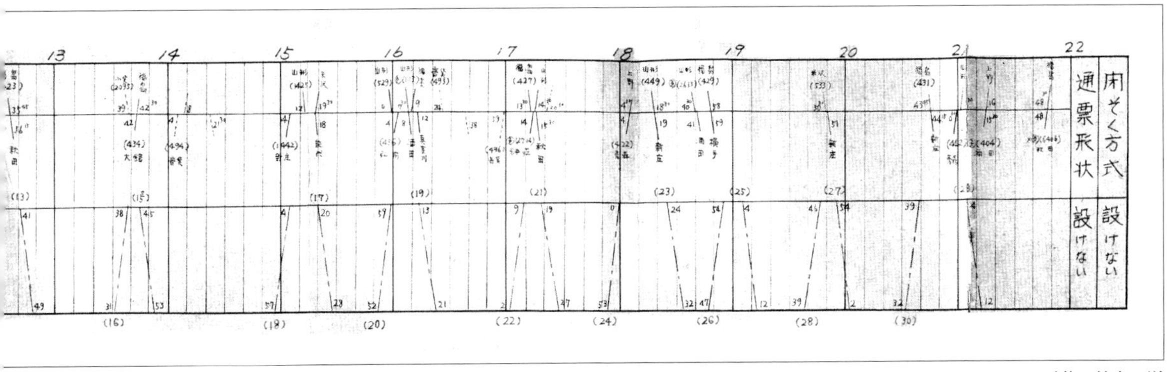

所蔵：鈴木　洋

尾花沢駅に貼り出された、豪雪のため1969(昭和44)年12月17日よりバス代行運行を行う旨のお知らせ。たびたびの豪雪による運休は尾花沢線のバス転換を促す結果となった。
1969.12.20　P：鈴木　洋

近江鉄道の郵便車ハユ24を西武所沢車両工場で車体延長・更新修繕をして尾花沢線に入線させたハフ4(二代目)。入線直後の姿で、高畠線のクハ1と大変よく似た車両であった。
1966.6.19　尾花沢　P：鈴木　洋

西武鉄道の制御車を所沢車両工場で客車化改造のうえ、1958(昭和33)年に尾花沢線に入線したハフ3(三代目)。尾花沢線廃止後は高畠線に転用された。　1962.11.8　P：柴田重利

鶴岡駅に停車中の、モハ３を先頭にしたモハ１形３両編成。1929～30(昭和４～５)年製の、湯野浜線開業時から活躍した小型ボギー電車で、庄内交通の顔として長らく活躍した。 1965.8.10 P：鈴木 洋

3. 庄内交通 湯野浜線

鶴岡～湯野浜温泉：12.2km(山形県)

新庄から陸羽西線で余目へ、そこから羽越本線で15kmほど新潟寄りに、庄内米の主産地・鶴岡がある。その鶴岡から日本海のそばの温泉地、湯野浜温泉駅まで12.2kmを２～３両編成でのんびり走っていたのが庄内交通湯野浜線である。

1929(昭和４)年12月８日に鶴岡～湯野浜温泉間12.2kmが開業、地元では、沿線にある海の竜神信仰で有名な善宝寺への参詣や、終点の湯野浜温泉へ行く湯治・観光客の足として知られていた。一方、レイル・ファンの間では元京王帝都電鉄の旧型車２両が走っているローカル線として知られていた。

開業時からの車両はモハ１・３・５の庄内型(蒲原鉄道にも同型がいる)の３両で、ほかに京王帝都電鉄

鶴岡に停車するモハ８(元京王デハ2405)。転入当初は車体腰側の塗分け線が低い位置にあった。 1964.6.15 P：鈴木 洋

元京王のモハ８を先頭に、七窪～湯野浜温泉間を行くモハ７との元京王コンビ編成。　1967.5.1　P：鈴木　洋

からの譲渡車として、戦災復旧車(元デハ2119)を1954(昭和29)年に譲り受けたモハ７と、1963(昭和38)年８月の京王線昇圧(600V→1500V)後に廃車となった元デハ2405を譲り受けたモハ８の２両が存在していた。モハ８は入線後、国鉄の酒田機関区で車体方向を変えて、モハ７とコンビを組むようになった。また、元東急デハ3250形を譲り受けたデハ101と103は、1959(昭和34)年に東洋工機平塚工場で改造され入線されたもので、同型車として京福電鉄福井支社に４両、静岡鉄道に２両の仲間がいた。

増結用として使われた小型客車ハ11～13の３両は明治末頃、青梅鉄道工場・甲武鉄道飯田町工場で製造された後に高畠鉄道(後の山形交通高畠線)や新宮鉄道で活躍した古典客車で、湯野浜線に譲渡された後はモハ７やデハ101・103など、昭和30年代後半の車両増備で小型客車のハ11がまず先に廃車、さらにハ12・13も1965(昭和40)年頃まで廃車となり、その後は七窪の側線に留置されていた。

冬の日本海をバックに湯野浜温泉～七窪間を行くモハ５＋モハ８。
1965.1.3　P：鈴木　洋

1954(昭和29)年に京王帝都電鉄から戦災復旧車の元デハ2119を譲り受けたのが庄内交通モハ7で、ダブルルーフであった屋根を応急的にシングルルーフに改造したことによる深い屋根が特徴。1965.2.7 鶴岡　P：鈴木　洋

鶴岡に停車中の湯野浜線モハ8。19頁の写真と異なり、腰の塗分線がウィンドシル下部まで切り上げられている。
1967.8.26　　P：鈴木　洋

海水浴客や善宝寺参詣客の輸送用に、昭和30年代前半まで国鉄のキハ17系気動車が2連で乗り入れるなど活況を呈したが、昭和40年代後半になると、利用者の減少と車両の老朽化で廃止が取り沙汰され、ついに1975(昭和50)年3月31日限りで廃止となった。

路線廃止後、モハ8は沿線の北大山付近の店に保存されていたが、老朽化でそのうち解体されてしまった。戦災復旧車であった元京王のモハ7は車体もボコボコの状態であり、廃止時までよくぞ走っていたと感心させられたものである。京王ファンとしては元京王の2両を訪ねて行くのが楽しみであっただけに、廃止時は淋しい限りであった。

庄内交通湯野浜線　鶴岡に停車中のデハ100形101。戦後に新造車両を導入した大手私鉄に課せられた車両供出により、東急電鉄デハ3250形3258(元池上電気鉄道)を1947(昭和22)年に譲り受けたもの。　P：鈴木　洋

1975年3月31日の湯野浜線営業最終日にあたって用意された「さよなら湯野浜線」スタンプ。　所蔵：鈴木　洋

うしお荘

湯野浜線のクライマックス、日本海に沿って
湯野浜温泉郷をバックに湯野浜温泉～七窪間
を行く、モハ7＋モハ8の元京王コンビ。
1967.5.1　鶴岡　P：鈴木　洋

雄勝線の名物、木造単車デハ３。1927(昭和２)年12月製の開業時よりの木造２軸単車で、電化解消・内燃化が行われる1971(昭和46)年まで在籍、除雪用などに活躍した。
1964.8.16　西馬音内車庫　P：鈴木　洋

4.1　羽後交通 雄勝《おがち》線

湯沢～西《にし》馬《も》音内《ない》～梺《ふもと》：11.7km(秋田県)

奥羽本線湯沢駅から西の鳥海山麓の梺駅までの11.7kmを結んでいたのが羽後交通雄勝線で、1928年(昭和３年)８月10日に雄勝鉄道として湯沢～西馬音内間8.9kmが開業、その後1935(昭和10)年２月に西馬音内～梺間2.8kmを延伸、戦時中の1943(昭和18)年10月には横荘鉄道と合併、翌1944(昭和19)年５月に羽後鉄道と改称された。さらに1952(昭和27)年に羽後交通に改称。その頃の雄勝線はポールカーが走っていて、レイル・ファンの間では「ポールカーの天国・雄勝線」と言われていた。

沿線は米どころで、そのなかをポールカーが、自身

雄勝線で除雪中のユキ２。貨車改造のラッセル車で、後ろから推進しているのは木造単車デハ３。
1970.2.13　湯沢付近　P：鈴木　洋

羽後交通の自社工場で貨車を改造して誕生したロータリー式除雪車ユキ３(無車籍)。あまり使われることはなかった。
1970.7.26　西馬音内車庫　P：鈴木　洋

西馬音内駅に並ぶ３本の雄勝線車両。左から都電(←王子電軌)の余剰車体を使用したデハ5、新宮鉄道からの木造２軸客車ハフ14、西武鉄道の元ガソリンカーがルーツのデハ7。
1968.3.25　P：鈴木　洋

の車体より大きな明治末～大正初期製造の古典客車や、国鉄からの貨車を牽いて混合列車として走る姿は、ファンの間では有名であった。国鉄貨車の出入りが多い割には電機を持たず、電車が牽引する混合列車が多かったのが特徴であった。

デハ１形１～３の３両は、1927(昭和２)年12月蒲田車輌製の全長8m余りの２軸木造車で、デハ２はひと足先に1956(昭和31)年に廃車、残った２両は晩年にはラッセル車の推進と入換用として使われていて、車体側窓から煙突が伸びるなどユニークな古典電車であった。他に車両は、西武鉄道から譲渡されたデハ６・７(元クハ1114・1121)が主力であった。

客車は古典的な車両が多く、国鉄から譲り受けたホハフ２は1910(明治43)年神戸工場製の木造ボギーダブルルーフ客車、２軸客車ハフ11・13・14の３両のうちハフ13・14はオープンデッキ付であった。この

雄勝線貝沢に停車中のキハ２。廃止になった横荘線から転属してきた湘南型前面の気動車で、助士席側の窓からはぎっしりと詰め込まれた荷物が見える。
1973.1.3　P：鈴木　洋

電化路線から内燃化で延命した雄勝線も1973年3月限りで廃線へ。さよなら列車は気動車と客車を合わせ4両編成で運転された。
1973.3.31
羽後三輪付近
P：鈴木　洋

3両は、愛知県犬山市の明治村で今なお、観光用として現役である。

ほか除雪車ユキ2はワ35形有蓋車を自社西馬音内車庫で改造したラッセル車で、なんともう1両、無車籍ながらロータリー車が貨車改造で作られたが、不調のためほとんど使われることがなかった。

そんな雄勝線も並行する道路の整備で、西馬音内〜梺間がひと足先に1967(昭和42)年11月末限りで廃止、残った湯沢〜西馬音内間も廃止の予定であったが、1971(昭和46)年7月に廃止となった同じ羽後交通横荘線から内燃動車などを転用することとし、廃止が2年延びた。転用された車両はキハ2・3・4、DC1・2と貨車の一部で、これによって雄勝線は内燃化され、経費削減のため変電所など電気設備の運用を取りやめた。

横荘線からの転属車のなかでも、キハ4は雄勝線の電車にはなかったクロスシート車であったが、線路状態がいまひとつであるため、よく揺れる車両であった。ちなみに、昭和30年代にも一時的に横荘線のキハが雄勝線で運転されていたことがあった。

内燃化された雄勝線も1973(昭和48)年3月末限りで廃止され、電車も一部保存車を除きほとんどが解体されてしまったが、DC2は南部縦貫鉄道にDC251として譲渡され、現在も七戸の車庫で保存されている。

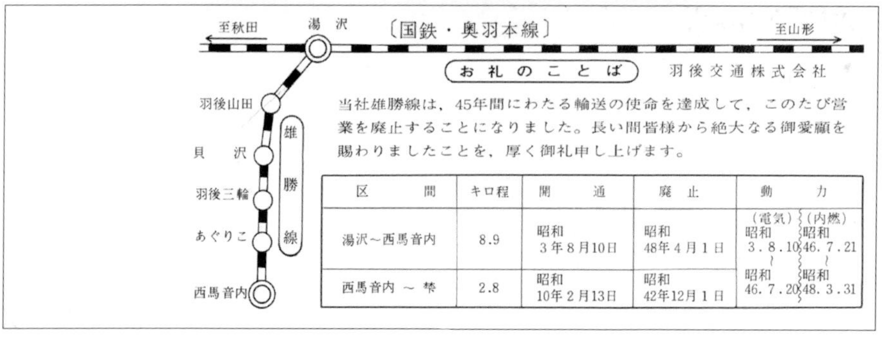

お礼のことば　羽後交通株式会社

当社雄勝線は，45年間にわたる輸送の使命を達成して，このたび営業を廃止することになりました。長い間皆様から絶大なる御愛顧を賜わりましたことを，厚く御礼申し上げます。

区　間	キロ程	開　通	廃　止	動　力
湯沢〜西馬音内	8.9	昭和 3年8月10日	昭和 48年4月1日	(電気) 昭和 3.8.10 〜 昭和 46.7.20 / (内燃) 昭和 46.7.21 〜 昭和 48.3.31
西馬音内 〜 梺	2.8	昭和 10年2月13日	昭和 42年12月1日	

1973(昭和48)年4月1日の全線廃止を記念して発行された「雄勝線(湯沢〜西馬音内間)さようなら乗車記念」乗車券。裏面には「45年間にわたる輸送の使命を達成して、このたび営業を廃止することになりました。長い間皆様から絶大なるご愛顧を賜りましたことを、厚く御礼申し上げます」の記述がある。
所蔵：鈴木　洋

横荘線横手機関区の脇を、湘南型前面の自社発注気動車キハ２が下り列車として通る。機関庫として使われていた建物は、規模は小さくなったものの現在でも羽後交通バスの倉庫として残存する。
1968.1.3　P：鈴木　洋

4.2　羽後交通 横荘《おうしょう》線

横手～二井山：26.1km（秋田県）

秋田県南の中心地である横手から西へ、鳥海山麓に向かって国鉄横手駅５番線ホームから発着していたのが羽後交通横荘線である。当初は横荘鉄道として横手～羽後本荘間の連絡を目指し、社名も横手の横と荘内の荘から取られていた。まずは1918（大正７）年８月に横手～沼館間15.3kmが開通、その後1920（大正９）年までに沼館～舘合《たてあい》および舘合～羽後大森間を延伸開業、昭和に入って1928（昭和３）年11月に羽後大森～二井山《にいやま》間を開業、さらに1930（昭和５）年10月に二井山～老方《おいかた》間12.1kmを開業して、横手～老方間38.2kmの営業キロとなった。

一方、日本海側の羽後本荘～前郷間（西線）11.6kmは1922（大正11）年８月に開業、横荘鉄道の東西連結に際し残る区間は老方～前郷間23kmとなったが、東線既存区間の乗客減少や西線が1937（昭和12）年９月

1958（昭和33）年製の３軸ディーゼル機DC2が、1915（大正３）年製の木造客車ホハニ１を牽引する横荘線下り列車。
1968.3.25　横手付近
P：鈴木　洋

横手駅で発車を待つ横荘線キハ4。1933(昭和8)年新潟鉄工所製の元国鉄キハ04 4を1958(昭和33)年に譲り受けた車両。横荘線廃止後は雄勝線で使用された。
1968.7.21　P：鈴木　洋

に国有化されて国鉄矢島線の一部(現在の由利高原鉄道)となったことから、横荘鉄道全通の夢は実現しなかった。

残った横手～老方間は1943(昭和18)年10月に雄勝鉄道を合併し翌年羽後鉄道に改称、さらに1952(昭和27)年には羽後交通となったが、早くもその翌年の1953年8月には二井山～老方間を廃止した。1966(昭和41)年2月の豪雪では老朽化のため運行を休止していた雄《お》物川《ものがわ》橋梁(舘合～羽後大森間、428m)の一部が倒壊、そのため同年6月に舘合～二井山間を廃止、沼館～舘合間もその3年後に廃止、そして残っていた横手～沼館間15.3kmも1971(昭和46)年7月、ついに廃止となってしまった。

横荘線は構内・線路規格が当時の国鉄の本線並みに広く、運転がしやすいと当時の運転士が話していたが、車両も、当時の東北地方の国鉄・私鉄がまだ本格的に採用していなかったディーゼル機関車を導入、内燃動車も小型車ながら昭和初期から使われ、他社がよく見学に来たと言われていた。それら古くからの車両は火災や老朽化で客車化や廃車され、代わって1953・57(昭和28・32)年には東北の私鉄では初めての湘南型前面の気動車キハ2・3が新車で導入され、

DC1の牽引する横荘線混合列車。DC1は横荘線・雄勝線の廃止後は日東紡の工場専用線へ売却され使用された。
1968.3.25　横手　P：鈴木　洋

さよなら列車の装飾が施された羽後交通キハ2。1971(昭和46)年7月20日限りの廃止に際し、キハには「永い間ご利用ありがとうございました」の掲示がなされている。
1971.7.19　横手付近
P：鈴木　洋

横手機関区に配置された。さらに1958(昭和33)年には国鉄からキハ04形を1両譲り受けてキハ4となり、この3両のキハが当線の主力として活躍した。

一方客車は古典車両の宝庫で、木造ダブルルーフボギー客車のホハニ1形ホハニ4は、1910(明治43)年神戸工場製で、ラッシュ時にDLに牽かれて走っていた。車内はロングシートでストーブはなく、炭火の長い火鉢があった。他に大正時代製造のホハニ3やホハフ4がラッシュ時に使われていた。客車の中には、元都電(1032)だった車両が1965(昭和40)年秋に西武所沢車両工場で客車化されたものがあり、ホハフ6として入線したが、あまり使われず廃車を迎えた。

DC1・2は横荘線の客車牽引やラッセル車ユキ1の推進など、横荘線では主力として活躍した。横荘線廃止後は雄勝線へ転用、雄勝線廃止後DC1は東北本線の郡山駅付近の日東紡の工場専用線へ売却され、入換用として工場の廃止まで数年間活躍した。

横荘線では、米や木材輸送の繁忙期で車両不足の折、国鉄のC11が借入されたことはあまり知られていない。JR奥羽本線の車中から、下り列車で横手駅の進入の左側手前に木造の大きな建物が今でも見えるが、これは横荘線横手機関区時代のもの(27頁上写真参照)で、現在は羽後交通のバスの倉庫となっている。機関庫から倉庫に代わってはいるものの、横荘線廃止から40年以上も残っているのは大変貴重である。この機関庫の横を走っていたキハ2・3・4は、横荘線と雄勝線の2度の廃止を経験した車両として珍しい存在であった。

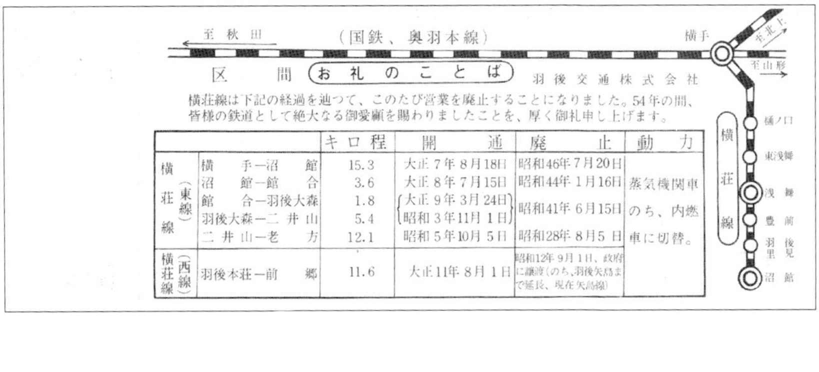

区　間　お礼のことば　羽後交通株式会社

横荘線は下記の経過を辿つて、このたび営業を廃止することになりました。54年の間、皆様の鉄道として絶大なる御愛顧を賜わりましたことを、厚く御礼申し上げます。

		キロ程	開通	廃止	動力
横荘線（東線）	横手—沼館	15.3	大正7年8月18日	昭和46年7月20日	蒸気機関車のち、内燃車に切替。
	沼館—館合	3.6	大正8年7月15日	昭和44年1月16日	
	館合—羽後大森	1.8	大正9年3月24日	昭和41年6月15日	
	羽後大森—二井山	5.4	昭和3年11月1日		
	二井山—老方	12.1	昭和5年10月5日	昭和28年8月5日	
横荘線（西線）	羽後本荘—前郷	11.6	大正11年8月1日	昭和12年9月1日、政府に譲渡（のち、羽後矢島まで延長、現在矢島線）	

1971(昭和46)年7月20日の全線廃止を記念して発行された「横荘線(横手～沼館間)さよなら乗車記念」乗車券。券面に記載の「総延長49.8キロ」には、西線の営業キロ11.6kmが含まれる。　所蔵：鈴木　洋

秋田駅前電停に停車中の秋田市電60形61。都電6000形によく似ているが新製車で、前照灯が窓下ではなく窓上だった点と、最後までポール集電であった点が都電とは異なる。
1965.1.3　P：鈴木　洋

5. 秋田市交通局（秋田市電）

秋田駅前～土崎：7.3km（秋田県）

国鉄秋田駅前から、石油が産出される土崎まで、7.3kmを走っていたのが秋田市交通局軌道線で、開業は古く1892（明治25）年7月秋田馬車鉄道として発足、1916（大正５）年に秋田軌道、1920（大正９）年に秋田電気軌道、さらに1923（大正12）年にそれまでの馬車軌道の営業から電化され、1941（昭和16）年に秋田市交通課、1945（昭和20）年秋田市運輸課を経て、1951（昭和26）年に秋田市交通局となった。

秋田駅前から土崎までが単線で、タブレットを使用、沿線には石油産出のヤグラが立つ。車庫は表鉄砲町のそばで、東京都交通局から譲り受けた木造ボギー車30形（31 ～ 35、元都電3000形グループ）を撮影しに東京から来訪するファンがいるほどの人気であった。

旧旭川市街軌道から譲り受けた20形（22・23・25・26）の４両は８m余りの２軸単車で、予備車扱いとな

旭川市街軌道からの譲渡車であった秋田市電20形23。鋼製の２軸単車だが小型ゆえ出番は少なかった。
1965.9.5　交通局車庫　P：鈴木　洋

秋田市電30形は、木造ボギーの都電2000形(3000形の事故復旧車)が鋼体化の際に余剰となった車体を譲り受けたもので、後に都電時代の面影を残しつつ鋼体化された。
1965.9.5　交通局車庫　P：鈴木　洋

っていた。他に都電6000形によく似ている60形４両や、1959(昭和34)年製の最新型でやはり都電の車両によく似ている201・202、そのほか111なる単車も車庫の裏で休車状態、そのすぐそばに名古屋市電から譲り受けたト形貨車が留置されていた。

貨車を除くと全16両の世帯で、111や20形を除くと都電の車両とよく似ているのが特徴であった。また当時、東京都交通局から中古バスを1台10万円くらいで買い、秋田市内を走らせていたとのことである。

軌道線のダイヤは朝夕は20分ヘッドで、秋田駅前を毎時10・30・50分発とわかりやすく利用者も多かったが、赤字経営のため1966(昭和41)年３月31日限りで廃止となり、秋田県唯一のチンチン電車は姿を消した。

なお最新型の201・202の２両は岡山電軌へ譲渡され、同社の1001・1002として活躍したのち機器流用による車体新製で7100形へと姿を変えた。

交通局車庫で休車状態となっていた秋田市電110 形111。1930(昭和５)年新潟鉄工所製の２軸単車。
1965.9.5　P：鈴木　洋

五城目駅に停車中のデワ3003＋ナハフ10(旧国鉄キハ04形)。秋田中央交通では東急から譲り受けた３両の電動貨車デワ3000形が主力として用いられた。塗色はデワは青色、ナハフはクリーム色＋腰部グリーンであった。 1962.5.5 P所蔵：鈴木 洋

6. 秋田中央交通 五城目軌道線

八郎潟〜五城目：3.8km(秋田県)

奥羽本線の八郎潟駅(開業時は一日市駅)から東に、秋田杉などの集散地である五城目までを結ぶ五城目軌道として、1922(大正11) 年４月に開業、1943(昭和18) 年には秋田中央交通に改称された。わずか3.8kmのミニ路線で、途中に2ヶ所停留所がある。

当線では電気機関車として南海から譲り受けたED40形(国鉄のアプト式ED40形を南海タイプに改造したもの) を使用してきたが、当線には重量・出力ともに過多であるため数年使って廃車にし、1952(昭和27) 年より東急から木造電動貨車デワ3000形３両を順次譲り受け、元国鉄キハ04形改造の客車ナハフ10・20を連結して主力として使用を開始した(3002のみ廃線より一足先の1967年に廃車)。

上半部が赤、下半部が青の新塗装となったデワ3001＋デワ3003。
1967.7.10 五城目 P：鈴木 洋

営業最終日となった1967(昭和42)年7月10日に、EB111＋ナハフ10＋ナハフ20の編成で運転された「さよなら列車」。EB111は4軸で見た目EDだが、駆動軸の数からEBとされていた。
1967.7.10　P：鈴木　洋

廃線後、五城目町内の小学校にEB111＋ナハフ20が保存されたものの、老朽化のため2002年頃に解体された。
1997.11　P：鈴木　洋

その他の車両としては、越後交通長岡線から譲り受けたEB110形(111号)電機とワ形貨車を改造したラッセル車1両、そして貨物が多かったのでトラ301～306、ワム901～904の計10両の社有貨車が在籍した。路線廃止後にワム901～904の4両は、弘南鉄道弘南線へ譲渡されている。

五城目軌道の全盛期だった1952(昭和27)年に五城目で行われた種苗交換会では、国鉄から10両編成の臨時列車が五城目まで乗り入れ、それをデワ3000形が牽引、後部に国鉄のC11を補機として連結して運行されたほか、国鉄からの借入客車による4両編成が走行されたこともあった。しかしその後は赤字と設備・車両の老朽化が進んだことから、1969(昭和44)年7月10日限りで廃止となった。終点五城目の奥には木材加工の工場が多く、森林軌道が多かったが、それらも五城目軌道より先に姿を消してしまった。

廃止後、EB111とナハフ20が五城目市内に保存されたが、老朽化により解体された。今でも時々新宿で、秋田からの夜行高速バスに秋田中央交通の名前を見ると、八郎潟駅で入換していた元東急のデワ3000形を想い出す。

1969(昭和44)年7月10日限りの営業廃止を記念して発行された「五城目軌道線(五城目～八郎潟)営業廃止記念」乗車券。　所蔵：鈴木　洋

小坂鉄道の旅客営業の主力車であるキハ2100形(2102)。小坂線の改軌を機に、1962(昭和37)年より7両が日本車輌で製造された20m級の気動車。
1962.11.7　小坂　P：柴田重利

7. 同和鉱業小坂鉄道 小坂線

大館～小坂：22.3km／大館～花岡：4.8km(秋田県)

奥羽本線が大館駅に入る手前の、車窓右側に見える広い駅構内が小坂鉄道大館駅で、国鉄大館駅を降りると駅前広場の先に小坂鉄道の大館駅があった。

小坂鉄道の歴史は古く、1908(明治41)年9月には軌間762mmで大館～小坂間22.3kmと茂内《しげない》～長木沢間の長木沢支線3.8kmが小坂鉱山専用鉄道として開業した。一方、大館から花岡鉱山のある花岡までを結ぶ花岡線4.8kmは、1914(大正3)年1月に花岡鉱山線として開業、翌年小坂鉄道の親会社の藤田組の経営となり小坂鉄道となった。

1951(昭和26)年4月には長木沢支線が廃止、1958(昭和33)年には小坂～大館間も含め同和鉱業に改称、さらに1985(昭和60)年3月末で花岡線廃止、1989(平成元)年9月に残った大館～小坂間を同和鉱業小坂鉄道から小坂精練小坂鉄道に社名を改称している。その間、1962(昭和37)年に全線の1,067mmへの改軌が行われている。さらに1994(平成6)年9月で旅客営業を廃止、残った貨物営業も2008(平成20)年3月31日に休止となった。現在は小坂付近にて観光鉄道として再起の話もあり、小坂駅構内に「小坂鉄道レールパーク」も営業を開始している。

歴史の古い小坂鉄道は車両も蒸機から電機・ディーゼル機関車と移り変わっている。狭軌時代の1928(昭

小坂線の改軌に伴い1962(昭和37)年に新製されたDD10形13。晩年は小坂駅の入換機となり、1995(平成7)年に廃車された。
1982.7.24　小坂　P：鈴木　洋

DC1形（写真はDC2）は小坂鉄道初の内燃機関車として、1956（昭和31）年に新三菱工業で４両が新製された車両。
1962.11.7　大館
P：柴田重利

和３）年に小坂～茂内間が電化され、その際に軌間762mmで25‰勾配があることから、当時電気機関車の製造技術が高かった日立製作所製のEL２両を購入したものの、改軌と全線DC化のため1956（昭和31）年９月に廃車、歴史的なELとして地元で保存の話が上がったものの、実現することなく解体されてしまった。762mm軌間当時の蒸機は改軌によって廃車となり、11号機が客車ハ１号車とともに小坂駅前に保存されている。

狭軌時代の小型客車は改軌と同時に廃車になり、一方改軌時に片上鉄道や国鉄から譲り受けた古典的な大型客車は、数年使ううちに老朽化が著しくなり廃車となって、保線の人のための休憩所になっていたが、これも老朽化により解体されてしまった。

1962（昭和37）年に登場したキハ2100形気動車は20mの大型車で、2101～2108（2104は欠番）の７両が在籍、どこに出してもヒケをとらないといわれる、おそらくローカル私鉄でもピカイチの気動車であった。旅客廃止の数年前、うち２両は同系列の片上鉄道に譲渡されている。

主役の貨物列車を牽くDLは、国鉄のDD13タイプのDD131～3とDD13556の計４両があって、三重連で運転されることもありレイル・ファンの間でも有名であった。現在は小坂機関区で休んでいる。他にDLは、DD13形の入線前からDL３・４号機が存在したが、改軌後も入換などに使われていた。改軌後に入線した凸型DL・DD11～13の３両は、DD13形の入線で予備車となっていたが、廃止時にすべて廃車、解体となった。

貨車は改軌後22両が在籍していて、社線内でよく使われていた。晩年は小坂駅発着のコンテナ扱いがあり、DD13形がコンテナ貨車を数両連結して運転されていたことはあまり知られていない。また、小坂駅からは奥の鉱山へ専用線が伸びていて、小型のL型電機が活躍していた。

小坂駅前に保存されていた蒸気機関車11号＋貴賓客車ハ１。蒸機は大正15年雨宮製、客車は大正５年日車製のいずれも軌間762mm時代の車両。
1964.6.5　P：鈴木　洋

1959（昭和24）年より小坂鉄道が受託していた、小坂鉱山と小坂を結ぶ専用線（山内軌道）の電気機関車EL1号機。軌間762mm、電圧500Vの電化路線であった。
1962.11.7　小坂　P：柴田重利

小坂線の乗客減により、1981（昭和56）年に同じ同和鉱業の片上鉄道に譲渡されたキハ2108（→片上鉄道キハ801）。　P：鈴木　洋

小坂線の廃止後に弘南鉄道に譲渡され、当時の弘南鉄道黒石線（国鉄黒石線の転換路線）でキハ22形に代わり使用されたキハ2107。車体中央の“DO-WA”のロゴが消されている以外は、車番も含め小坂時代の面影を留めていた。
1997.4.20　弘南鉄道黒石　P：鈴木　洋

花輪線接続駅の大更に停車中のクモハ20形202。手前に会社線起点の標識が見られる。　1967.6.18　大更　P：鈴木　洋

8. 松尾鉱業鉄道

大更《おおぶけ》～東八幡平《ひがしはちまんたい》：12.2km（岩手県）

奥羽本線大館駅で花輪線に乗り換え東へ向かうこと２時間あまり、SLブームでお馴染みとなった竜ヶ森を過ぎ、98km先の大更を始発駅としていたのが松尾鉱業である。大更から岩手山のふもとの東八幡平まで12.2kmを結んでいた電化鉄道で、社内では「松尾鉱山鉄道」とも呼ばれていた。

松尾鉱業鉄道の歴史は古く、1934（昭和９）年２月に運転開始された硫黄・硫化鉄と鉱山資材を運ぶ鉄道がその前身で、当初は蒸気動力とされ4110形などの蒸機が使われていたが、1951（昭和26）年８月に電化され、蒸機はC118が雄別鉄道へ、他は八幡製鉄や浜川崎へ譲渡された。

電化後は自社発注の電機４両（ED501・502、ED251・252）が廃止時まで活躍した。ED501・502はいずれも1951（昭和26）年日立製作所製の箱型電機で、廃止後は２両とも秩父鉄道へ譲渡されデキ107・108として活躍を続けた。なかでもデキ108の活躍は令和まで続き、2020（令和２）年に廃車された。

入換用のED251・252は1951（昭和26）年東芝製の凸型電機で、現在はED251が八幡平市松尾鉱山資料館に静態保存されている。

客車は、2軸の小型客車が数両存在していたが、国鉄から特別室付のオハフ10（旧スロハ32形）やオハフ11（旧木造車、後に鋼体化）などの大型のボギー客車を譲り受けたことにより、小型客車はほとんど使われなくなった。オハフ11は廃止後も東八幡平機関庫の近くでしばらく解体されずに残っていたが、他の小型客車ともども解体されてしまった。

電車はクモハ201・202の２両で、阪和電気鉄道の国有化により買収された元阪和モヨ100形（後の国鉄クモハ20形）を譲り受けたもの。1966（昭和41）年に国鉄盛岡工場で改修して松尾鉱業鉄道入りしたものの活躍は短く、廃車後は２両とも弘南鉄道へ譲渡された（44頁参照）。弘南鉄道では弘南線でラッシュ時６連の先頭に立つなどの活躍が見られたが、重量が大きすぎて台車変更のうえクハ化され、さらに老朽化が著しく、東急からの車両増備が進んだ段階で廃車となってしまった。松尾鉱業鉄道での活躍が短かったのが残念である。

1951（昭和26）年の電化時に２両が新製された松尾鉱業鉄道の主力電機、ED50形（502）。廃線後に秩父鉄道に譲渡され、松尾鉱業時代の青＋前面白帯の塗色が秩父鉄道電機の標準色としてその後も引き継がれるようになった。
1967.1.3　大更　P：鈴木　洋

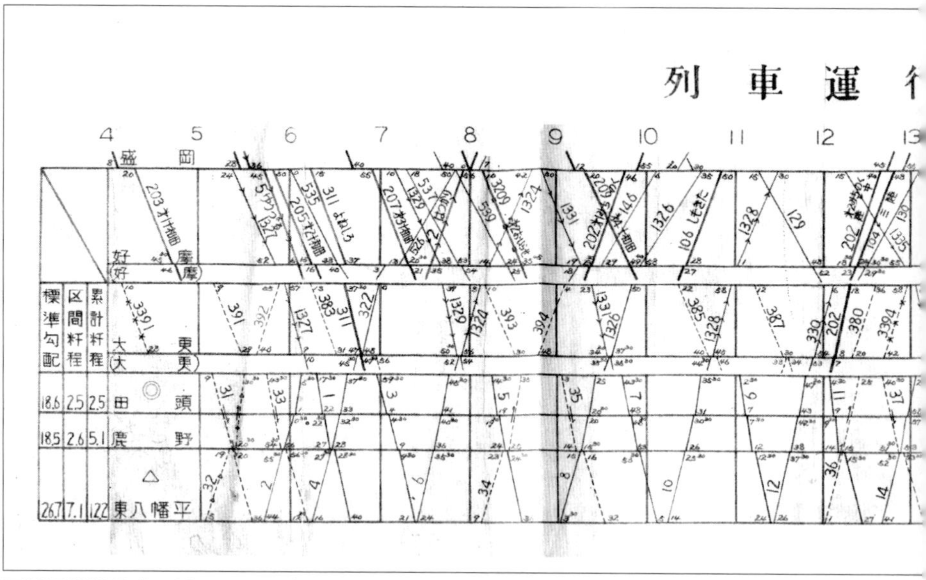

■松尾鉱業鉄道 列車運行図表（昭和42年10月１日改正）

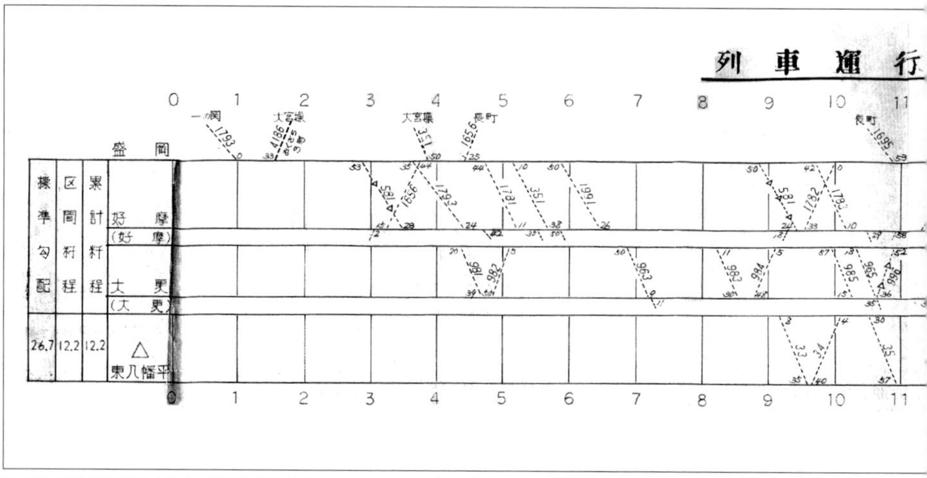

■松尾鉱業鉄道 列車運行図表（昭和45年２月改正）　昭和43年12月に旅客列車が廃止された後のもの。

ED50形と同様、電化に備え２両が新製された入換用電機ED25形(251)。現在は八幡平市の松尾鉱山資料館に保存されている

1970.2.15　東八幡平

P：鈴木　洋

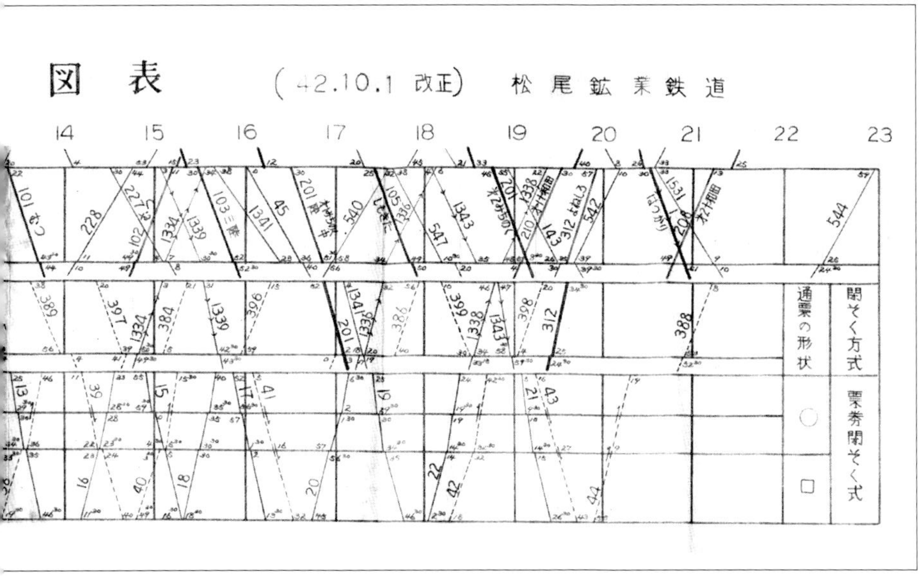

所蔵：鈴木　洋

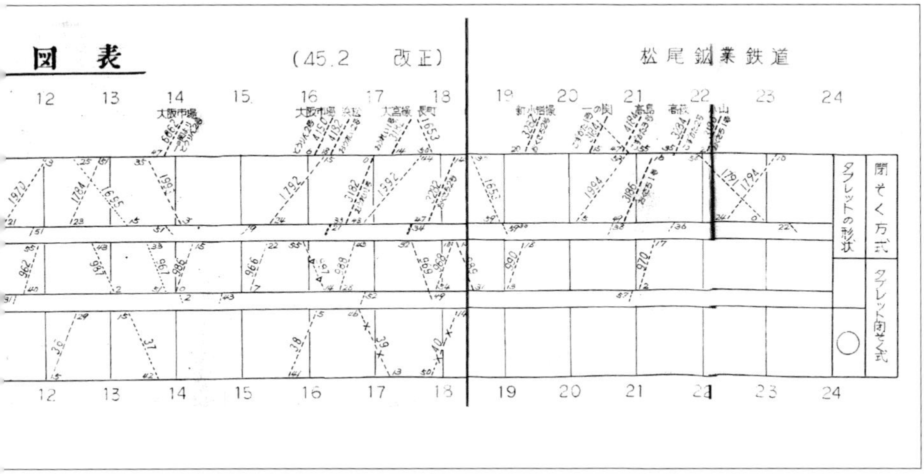

所蔵：鈴木　洋

東八幡平駅で元阪和のクモハ202が客車ホハフ７を従えて停車中。
1967.6.18　P：鈴木　洋

気動車は配置されていなかったが、大更駅から国鉄のキハ52形が社線に入り、電車と併結で東八幡平駅まで乗入れをしていた頃もあった。

終点の東八幡平駅構内は広く、車庫も立派なもので、多数の貨車が停車していた。東八幡平駅から数キロのところに鉱山があり、会社所有のミニスーパーや岩手県で１～２と言われた病院もあった。

昭和40年代前半には各地で大気汚染被害が深刻となり、新たに制定された「公害対策基本法」に基づき硫黄回収が義務づけられ、再生硫黄が大量に出回り始めたことから、松尾鉱山も1970（昭和45）年に終止符を打ち、1972（昭和47）年に更生会社となって、松尾鉱業線も営業廃止された。廃止直前は旅客輸送も休止し、貨物は１日１往復のみであった。

大更から松尾鉱業鉄道に乗り入れ、東八幡平まで国鉄キハ52形が入線していた頃もあった。　1968.8.21　東八幡平　P：鈴木　洋

大鰐駅で発車を待つ弘前電鉄モハ105＋クハニ203。モハ105は秩父鉄道から譲り受けた木造車を京成系列の大栄車輌で鋼体化した車両、クハニ203は国鉄の木造車サハ19形を譲り受けたもので、1975(昭和50)年まで在籍した。　1962.5.4　大鰐　P所蔵：鈴木　洋

9.1　弘南鉄道 大鰐線(旧弘前電気鉄道)

中央弘前～弘南大鰐：13.9km(青森県)

津軽文化の中心地・弘前市と湯の街・大鰐温泉を結ぶ鉄道として、戦後の1952(昭和27)年１月末に中央弘前～大鰐間13.9kmの弘前電気鉄道が開業した。しかし開業当初より経営状況は思わしくなく、1970(昭和45)年10月１日には同じ津軽地方の弘南鉄道に合併され、同日から弘南鉄道大鰐線となった。沿線はリンゴ畑が多いが、貨物輸送は少ないため当時は電機も持たず、電車が２～３両の国鉄貨車を牽く姿も見られたものの、混合列車ではなかった。

弘南線と同様に日中でも30分ヘッドという頻発運転を行う一方、大鰐沿線に学校を誘致したり駅を新設したり涙ぐましい経営努力が続けられたが、車社会ということもあり乗客の減少は止まらなかった。数年前に合理化のため、途中駅を朝のラッシュ時を除いて全部無人化、ダイヤも昼間は60分ヘッドとした結果、昼間の大鰐線はまったくお客さんが乗っていないなどますますの客離れとなっている。近年は大鰐線廃止の

大鰐駅で発車を待つ秩父鉄道からの譲受車、弘前電鉄モハ103。木造車だが鉄板を張って簡易な鋼製車となっている。
P：鈴木　洋

弘前電鉄クハニ201。弘前電鉄創業時に木造国電サハ19形を譲り受けて、運転台・荷物室の設置や屋根のシングルルーフ化などを行った車両で、廃車は1970(昭和45)年。
1970.8　西弘前　P：鈴木　洋

話が出ているなど余談を許さず、現状は厳しい限りである。

弘前電鉄として開業当時の車両は、秩父鉄道の木造電車や、国鉄から木造のサハ19形を３両譲り受けてクハニ化した車両が主力であった。また、秩父鉄道から譲り受けた木造車デハ10形14をのちに大栄車両で鋼体化したモハ105や、1967(昭和42)年秋に京浜急行デハ400形(初代)の車体を使用して西武所沢車両工場で改造した車両をモハ108として入線、同じく元小田急クハ1450形のクハ201も入線するなど、車両的にバラエティに富んでいた。

弘南鉄道との合併で同社の大鰐線になった後は、従来使用していた元秩父鉄道のモハ100形や木造のクハニ200形が廃車となり弘南線からクハニ1281・1283が入線。その後、大鰐線の老朽化した車両の代替として、弘南線から旧西武(モハ2231 ～ 2233)や旧国鉄←身延(モハ2250 ～ 2253)、旧国鉄←伊那電鉄(クハニ1271・1272)、旧西武の川造型(クハ1266・1267)、旧上田丸子←国鉄←鶴見臨港(モハ110・クハ205)などが揃い、車両的に大変バラエティに富んでいて趣味的にも面白い時代であった。

昭和40年代を過ぎても元弘前電鉄時代よりのモハ105・モハ108は残っていたが、昭和50年代中旬には旧小田急のクハ201が廃車となり、弘南線から移って来た車両ばかりとなった。そのころ、一畑電鉄から除雪用として大鰐線初めての電機ED221と、国鉄から

1972(昭和47)年に津軽大沢の車庫が開設される前は、大鰐線の車庫は西弘前に存在していた。車庫前に留置されたモハ103。
1970.9　P：鈴木　洋

弘前電鉄時代の大鰐線西弘前駅。元京急デハ400形(初代)の車体を使った西武所沢車両工場製のモハ108(左)と鋼体化改造車モハ105。
1970.8.25　西弘前　P：鈴木　洋

近年有名になったラッセル車「ラッセル君」ことキ105を譲り受けて、冬期に大活躍している。

その後大鰐線には続々と弘南線より車両が転用され、元17m級国電のモハ1120・1121・1122、クハ1610・1611・1612などや、弘南線で使われていた元東急のモハ3403・3404も入線、この頃もまた車両がバラエティに富んでいて、趣味的には良き時代であった。

昭和晩年から平成にかけては東急からセミステンレスカーの6000系やオールステンレスカーの7000系が入線し、弘南線と同じ車両が走るようになって、昔の大鰐線に比べ変化の少ない路線となってしまった。

簡易的な鋼体化がなされる前のモハ103。2両目は元国電のクハニ201。
1967.5.4　大鰐　P所蔵：鈴木　洋

モハ1122＋クハ1613＋クハ16形の弘南線３両編成。モハ1122とクハ1613は元国電が西武鉄道を経て入線したもので、後に大鰐線へ転属した。モハ1122は旧モハ50形特有の張り上げ屋根を残す。
1974.9.14　平賀　P：鈴木　洋

9.2　弘南鉄道 弘南線

弘南弘前～弘南黒石：16.8km（青森県）

弘前駅から十和田湖の西の玄関口である黒石駅まで、津軽平野を縫って16.8kmを走るのが、東北の私鉄の雄と言われた弘南鉄道弘南線である。1927（昭和２）年９月に弘南弘前～津軽尾上《おのえ》間11.1kmが開業、その後、1950年（昭和25年）7月に終点の弘南黒石まで5.7kmを延長開業、ここに弘南弘前～弘南黒石間の16.8kmが全線開業した。現在、朝のラッシュ時には４連１本、他は２連による運用で、朝夕は30分ヘッド、昼間は同鉄道の大鰐線と同様に60分ヘッドである。

この弘南線は、今でこそ元東急7000系ステンレスカーの天下であるが、かつて朝のラッシュ時には、元阪和の買収国電モヨ100形のモハ20形2025・2026を先

モハ1121＋サハ1700＋クハ1611の弘南線３両編成。元旧型国電だけで揃えられた編成。
1974.5.19　弘南弘前
P：鈴木　洋

弘南線名物、ラッシュ時に運行される６両編成の先頭に立った元阪和のモハ20形2026。後に重量軽減のため電装解除され、パンタを振りかざして先頭で走ることはなくなった。
1974.9.14　館田付近　P：鈴木　洋

頭に、堂々６連で、満員のお客さんを乗せて走っていた東北一の元気で、活気あるローカル私鉄として知られていた。また当時、レイル・ファンの間では車両が多彩なことでも知られていて、元国鉄・東急・西武など前歴のある車両が揃い人気を集めていた。しかし東急から元戦災復旧国電である3600系列が大量に入線、さらに大半の車両が7000系ステンレスカーに代替されて、趣味的には面白みのないローカル線となってしまった。ほか元西武のED333やラッセル車のキ104が現存するほか、かつては古典機ED301や旧南海のワフなども在籍し、リンゴや米の収穫期には秋田中央交通からのワムなども入線していた。

平賀車庫では昭和40年代終盤まで、大鰐線の車両が定検作業のため入場することがあり、モハ105などの車両を平賀駅ホームで見かけることもあった。

平賀の車庫に停車中のモハ20形2026。元阪和電鉄モヨ100形が国鉄への買収でクモハ20形に、後に松尾鉱業鉄道クモハ20形を経て1971年に弘南入りした。
1971.8.15　P：鈴木　洋

五能線との接続駅、津軽五所川原駅に停車中のキハ24025＋24026＋国鉄ワム。バックに国鉄から譲り受けたオハ31形と、元西武の電車であるナハフ1200が見える。津軽五所川原駅には当時上屋がなかった。　1977.8.1　津軽五所川原　P：鈴木　洋

10.　津軽鉄道

津軽五所川原～津軽中里：20.7km（青森県）

奥羽本線川部駅から五能線に乗り換え、北方向に20km余り進んだところに西津軽の中心・五所川原駅があり、そのすぐ隣には、ストーブ列車で有名な津軽鉄道の津軽五所川原駅がある。地元では「津鉄（つてつ）」と呼ばれ、ローカル私鉄としての知名度は全国でも十指に入るほどである。

現在は「走れメロス」という愛称の付けられたNDC（軽快気動車）が活躍しているが、昭和40年代の津軽鉄道は乗客、貨物ともに現在より多く、朝のラッシュ時にはDLの牽く４～５連の客車列車が運転されるなど、活気があった。昭和30年代までは、国鉄キハ04形タイプのキハや三岐鉄道から譲り受けた車、武蔵野鉄道（のちの西武鉄道）から譲り受けた小型客車のほかに、弘前電鉄から譲り受けた中型客車が活躍していた。1960（昭和35）年には老朽化していた中型客車の

津軽鉄道名物の箱型DL、1952（昭和27）年製のDC201（連結車両はキハ2421＋キ１）。201と202の２両がいたが、いずれも1960年代に東野鉄道へ譲渡された。
1962.5.4　津軽五所川原
P所蔵：鈴木　洋

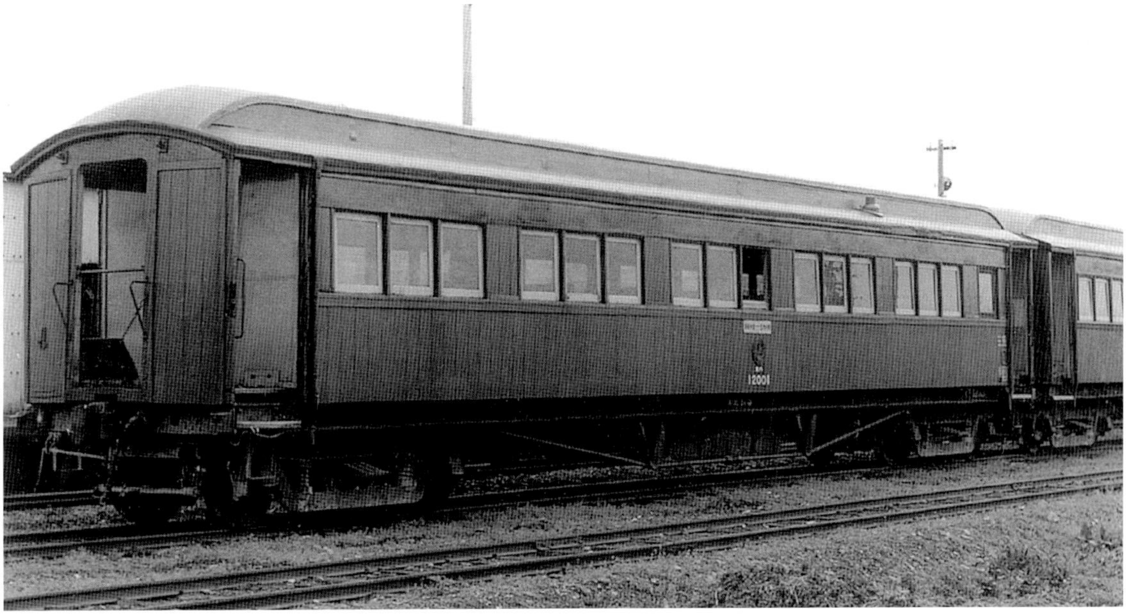

元国鉄の木造ダブルルーフ客車を譲り受けたホハ12000形(12001・12002)。大変美しい状態で使われていた。
1962.5.4　津軽五所川原　P所蔵：鈴木　洋

代替として、国鉄からオハ31形３両を譲り受けオハ311～313となり、三代目ストーブ列車となった。このうち役目を終え沿線の公園で保存されていたオハ31形客車1両が、大宮の鉄道博物館へ移され、保存展示されている。

1962(昭和37)年１月には新潟鉄工所から、国鉄キハ20形と同形(ただし一段上昇窓)のキハ24000形２両を新造入線(その後２両を増備)、さらにその前のキハ24形入線前に、客車列車を牽くDLのDC201がいたが、故障が多く、廃車後、東野鉄道へ譲渡されている。その他、一時期、国鉄千葉局からキハ11形２両を譲り受け、キハ24025・24026の車号で使用されていたが、寒冷地にはキハ11形の車両は馴染めず、数年で廃車となっている。

また津軽鉄道では、電車改造の客車が1965(昭和40)年に３両導入された。西武鉄道のクハ1151形を譲り受け客車に改造したもので、ナハフ1200形としてオハ31形とコンビで活躍、近年は予備車状態となっている。ファンとしては、西武鉄道へ里帰りして、横瀬などで保存してほしいと願っている。

ストーブ列車を牽くロッド駆動式のDD351と352は1957・59(昭和32・34)年の新造で、近年は老朽化が進んだことからDD351は予備車となり、DD352が活躍している。また冬期の除雪用として、貴重なラッセル車キ101が五所川原機関区でいつも昼寝している。

津軽鉄道では、今なお昭和40年代の面影を残す駅舎や、DL・客車・貨車が残っていて、ぜひ時間を作って訪問することをお勧めする。時間を忘れさせてくれますよ。

1958(昭和33)年に三岐鉄道から譲り受けたキハ2406は荷物台付のクラシックな外観であった。
1962.5.4　津軽五所川原　P所蔵：鈴木　洋

1950(昭和25)年新潟鉄工所製造の自社発注車、津軽鉄道キハ2403。写真は廃車後の姿。
1970.8.25　津軽五所川原　P所蔵：鈴木　洋

おわりに

奥羽本線を福島から北へ青森まで、その沿線のローカル私鉄が元気だった頃の姿を紹介した。その当時は味のある鉄道が多く、電気機関車が客車を牽いたり、ポールカーが古い客車を牽いたり、木造の貨物電車がキハ04系改造の客車を牽いたり、ファンにとって訪れて楽しいローカル私鉄がほとんどであった。

いま時刻表の路線図を見ると、奥羽本線沿いに残っているローカル私鉄（第三セクター鉄道を除く）は福島交通飯坂線、弘南鉄道大鰐線（旧弘前電鉄）、弘南鉄道弘南線、津軽鉄道の３鉄道４路線だけで、ほとんどの私鉄路線が廃線となってしまった。ファンとして、また利用者としては残念である。

今回は紹介できなかったが、一般的なローカル私鉄以外の路線として、専用線の小型ELがポールを振りかざして国鉄からの貨車を牽いていた五能線八森の専用線（大日本鉱業発盛精錬所）や、秋田中央交通五城目駅の奥で、木材輸送のための専用線に幌を張った客車が昭和30年代まで残っていたことなど、大変よい時代であったことが今となっては思い出される。

いちファンとしては、廃線となったローカル私鉄の中でも特に羽後交通雄勝線と横荘線は、ローカル色が豊かであっただけに残念でならない。もし現在、残存していればどのような車両が走っているかを想像してみるのも、楽しい夢である。

旭川市街軌道から転属してきた秋田市交通局の2軸単車26。
1965.9.5　交通局車庫　P：鈴木　洋